AF232077

LA

VRAIE POLITIQUE FRANÇAISE

EN POLOGNE

PARIS

IMPRIMERIE DE L. TINTERLIN ET Cᵉ

rue Neuve-des-Bons-Enfants, 3

LA VRAIE

POLITIQUE FRANÇAISE

EN POLOGNE

PAR

LE GÉNÉRAL DE P....

PARIS

E. DENTU, LIBRAIRE-ÉDITEUR

PALAIS-ROYAL, 17 ET 19, GALERIE D'ORLÉANS

1863

LA VRAIE

POLITIQUE FRANÇAISE

EN POLOGNE

La question polonaise agite tous les esprits en Europe. Les souffrances de la malheureuse Pologne émeuvent tous les cœurs en France. La sympathie qu'elles excitent y exalte au plus haut degré le sentiment de l'honneur national. Tout le monde comprend que cette question n'est plus la même sous l'Empire que sous la Restauration, non plus que sous le gouvernement de Louis-Philippe ; elle est devenue l'affaire capitale des grandes chancelleries. Beaucoup de brochures ont paru ; des voix éloquentes se sont fait entendre, des voix autorisées ont traité la question ; mais dans tout ce qui s'est publié, dans tout ce qui s'est dit officiellement, on ne trouve pas une solution satisfaisante de ce grand problème.

C'est, en effet, une question gouvernementale des plus délicates. Les uns, en demandant moins que l'indépendance absolue et complète de la Pologne, craindraient de perdre la popularité à laquelle ils aspirent ; les autres, craignant de trop engager le pouvoir ou les intérêts qu'ils représentent, n'osent exprimer que des sympathies stériles et ne proposent que des négociations dont ils savent d'avance toute l'inanité.

C'est donc aux hommes placés en dehors des régions officielles qu'il semble réservé de dire franchement toute la vérité sur cette affaire ; mais pour la faire jaillir aux yeux de tous, pour en faire sortir la solution désirable et possible, une étude sérieuse est nécessaire. C'est cette étude qu'il convient d'abord d'exposer ici.

A l'époque où nous vivons, tous les peuples qui ont été plus ou moins subjugués ou attribués contre leur gré à des nationalités différentes, cherchent à secouer le joug, à reconquérir leur autonomie. La Pologne, partagée, il y a près d'un siècle, entre l'Autriche, la Prusse et la Russie, avait commencé à renaître en 1807, sous la main victorieuse et ferme de Napoléon Iᵉʳ, à retrouver une autonomie très mitigée sans doute, mais suffisante pour faire revivre toutes ses espérances.

Les désastres de 1812, en amenant la ruine de tout l'édifice impérial, ont donné naissance aux déplorables traités de 1815, et livré la Pologne à la merci de la Sainte-Alliance.

Mais quelque puissant que fût alors l'empereur Alexandre Iᵉʳ, l'Europe exigea de lui, et il eut la magnanimité de promettre, que la Pologne jouirait sous son sceptre d'une autonomie égale à celle qu'elle avait eue sous la protection de l'empereur Napoléon. Le grand-duché de Varsovie fit donc place, non plus à un simple duché, mais au royaume de Pologne, royaume uni à la Russie comme celui de Hongrie à l'Autriche, et qui devait avoir son gouvernement, son armée et son administration à part.

Pourquoi ce qu'Alexandre avait signé de bonne foi, dans sa toute-puissance, n'a-t-il pas reçu sa complète exécution? Pourquoi ce qu'il avait établi n'a-t-il pas duré? Pourquoi la Pologne s'est-elle soulevée en 1830 et a-t-elle tenté, par la force des armes, de se séparer complétement de la Russie? C'est que, malgré l'apparente civilisation de ses hautes classes, la Russie est encore un pays barbare, où l'aristocratie elle-même, sous ses formes polies, a conservé, avec les vices engendrés par le despotisme, toutes les passions, tous les préjugés du peuple moscovite; c'est que le Russe, grand ou petit, déteste le Polonais, qu'il s'obstine à regarder et à traiter en peuple conquis, avec toute la brutalité du barbare victorieux; c'est qu'à son tour le Polonais déteste, méprise, abhorre le Russe, dont la domination lui paraît le dernier degré de l'ignominie; c'est qu'en un mot, il y a la plus profonde antipathie entre ces deux peuples dont, au rebours du sens commun, c'est le plus civilisé qui est subjugué, écrasé, humilié par le plus ignorant et le plus barbare ; c'est qu'enfin l'Empereur de toutes les Russies, malgré sa puissance absolue, malgré la générosité de son caractère, a dû céder aux exigences de cette barbarie, sur laquelle repose sa toute-puissance, et sacrifier le plus faible au plus fort !

On peut dire sans doute, non sans raison, que la mort d'Alexandre, qui a précédé de plus de deux ans l'explosion de 1830, a été pour quelque chose dans cet événement, et que son successeur, Nicolas Ier, le plus Russe d'entre tous les Russes depuis Pierre-le-Grand, en appesantissant sa main de fer sur la Pologne, a lui-même provoqué la réaction ; mais cette cause accidentelle n'a été que la goutte d'eau qui fait déborder le verre trop plein ; aussi bien que notre Révolution de 1830, elle-même, n'a été que l'occasion impatiemment attendue par la nation polonaise, de briser les liens qui l'attachaient au char de triomphe de la Russie.

Veut-on la preuve que c'est bien l'antipathie des deux peuples qui a provoqué cette levée de boucliers, ainsi que la nouvelle tentative dont nous sommes témoins? Qu'on jette les yeux sur les provinces polonaises soumises à l'Autriche et même sur celles qui sont soumises à la Prusse. Certes, les occasions, les prétextes ne leur ont pas manqué en 1830, en 1848 et 1849, et cependant elles n'ont pas bougé. Ce n'est pas qu'elles aient le moins du monde renoncé au nom de Polonais, ni à leur autonomie ; ce n'est pas qu'elles se trouvent parfaitement heureuses sous la domination allemande ; ce n'est pas surtout qu'elles supportent sans impatience la morgue prussienne, aussi intolérable dans l'ordre civil et administratif, que dans l'ordre militaire, ni la pression, non moins pénible, d'une religion d'État différente de la leur et d'autant plus intolérante qu'elle trouve l'appui le plus énergique sur le trône lui-même.

Non, ces provinces n'oublient pas qu'elles ont été conquises, elles sentent encore tout le poids, toute l'humiliation de la conquête ; mais en voyant le sort des Polonais soumis à la Russie, elles bénissent le ciel du lot qui leur est échu ; elles sentent ce qu'elles doivent de respect au souverain qui les fait jouir d'un sort aussi doux que celui de ses autres sujets ; ce qu'elles doivent de soumission à une nation qui les affranchit des atrocités du gouvernement russe.

C'est que le peuple allemand est civilisé; c'est qu'il est bon, qu'il est doux, et que, si les autorités ont une roideur et une morgue parfois très-désagréables pour leurs administrés, elles ne pèsent guère plus sur les Polonais que sur les nationaux eux-mêmes; c'est qu'enfin les charges, les peines correctionnelles ou criminelles qui frappent les Polonais, sont les mêmes que pour les Allemands et n'excèdent pas celles qui sont en usage chez tous les peuples civilisés.

En est-il de même dans la Pologne soumise à la Russie?

Le royaume de Pologne n'a jamais eu, depuis 1815, et surtout depuis 1831, qu'un fantôme de législation, interprété par le bon plaisir soupçonneux du gouvernement russe et par la haine invétérée de ses agents. En Russie, le plus grand seigneur est exposé à être envoyé en Sibérie, ou même aux mines, sans jugement sérieux; à avoir ses biens séquestrés, confisqués même de la manière la plus arbitraire; les punitions corporelles, le knout, sont d'un usage habituel; la justice et l'administration sont vénales et subordonnées au pouvoir suprême; il est donc tout naturel que les Russes qui gouvernent la Pologne et qui la regardent comme un pays conquis, toujours prêt à s'insurger, n'admettent pas qu'on puisse la traiter avec moins de rigueur que leur propre pays. Aussi l'envoi en Sibérie des seigneurs, la transportation des bourgeois et des paysans y sont-ils journellement pratiqués, non-seulement comme mesure de nécessité, mais encore comme système et sous les plus légers prétextes. Le recrutement y est arbitraire, et le malheureux enlevé à sa famille ne la revoit presque jamais; il reste au Caucase tant qu'il peut porter les armes. Le Polonais est attaqué chaque jour dans sa religion, dans ses lois, dans ses écoles, dans sa langue même; point de commerce, point d'industrie qui soient libres, point de carrière, surtout pour les jeunes gens de famille, à moins qu'ils ne consentent à se faire Russes.

Ainsi, en laissant de côté les horribles mesures dont tant de familles polonaises, et des plus distinguées, ont été victimes dans leurs personnes, dans leurs biens, dans le sort de leurs enfants; en ne prenant que la situation générale la plus favorable faite aux Polonais inoffensifs et reconnus tels, cette situation est cent fois pire que celle des Polonais Prussiens ou Autrichiens et d'aucun peuple d'Europe. Et ce qu'il y a de triste à dire, c'est que cette situation ne peut qu'empirer encore, tant que les Polonais resteront sous le joug de la Russie.

On aura beau invoquer le caractère bienveillant et généreux de l'empereur Alexandre II, la haute intelligence du grand-duc Constantin ; ces princes et leurs meilleurs ministres n'y pourront rien changer, pas plus qu'ils ne pourraient empêcher le Niémen et la Vistule de couler.

Sans aucun doute, les Polonais eux-mêmes provoquent et provoqueront toujours des mesures rigoureuses ; mais en était-il de même lorsqu'ils formaient le grand-duché de Varsovie ? n'étaient-ils pas alors aussi paisibles, aussi soumis que les Polonais Prussiens ou Autrichiens ? Il faut donc reconnaître que tout tient à l'antipathie des nations polonaise et russe.

Et maintenant, comment peut-on croire, comment peut-on supposer que des négociations ayant pour but de rappeler la Russie à l'exécution stricte de la constitution accordée à la Pologne par suite des traités de 1815, ou de toute autre constitution régulière, puissent avoir un résultat sérieux ? Ou la Russie sera franche et elle refusera net, en se fondant sur l'impossibilité de faire respecter sa domination autrement que par la force et l'intimidation ; ou elle voudra se montrer conciliante, elle fera des promesses, elle donnera des espérances qui n'auront et ne peuvent avoir aucune suite, quel que soit le bon vouloir personnel de l'empereur Alexandre.

On peut donc affirmer que les hommes d'État qui s'efforcent de s'en tenir à des négociations, dans le but de rappeler la Russie à l'exécution des traités de 1815, ou même d'obtenir une nouvelle constitution pour la Pologne, ne font pas une œuvre sérieuse ; ils ne veulent qu'endormir l'opinion en la berçant de projets chimériques, ou remettre à un avenir éloigné et probablement très-incertain, la solution d'un problème qu'ils ne se sentent pas capables ou en mesure de résoudre eux-mêmes en ce moment.

S'ensuit-il qu'il n'y ait d'autre solution sérieuse et durable que le rétablissement de l'autonomie complète d'un royaume de Pologne, indépendant de toutes les autres puissances de l'Europe, comme celui de Grèce ou celui de Belgique? Pas le moins du monde.

Un royaume de Pologne indépendant de la Russie et de tous les autres États voisins, qu'on le fasse petit ou grand, ne saurait être rétabli : si petit qu'il fût, il serait une cause d'agitation continuelle pour les anciennes provinces polonaises qui resteraient au pouvoir de la Russie, de la Prusse et de l'Autriche, et, par conséquent, ces puissances ne sauraient accepter un pareil voisin. D'autre part, on ne pourrait le faire grand qu'au détriment de ces trois puissances, c'est-à-dire au moyen d'une guerre qui mettrait toute l'Europe en feu.

Il y a d'ailleurs pour la France et pour le gouvernement impérial, en particulier, un précédent auquel on ne saurait trop se reporter pour juger sainement cette question : c'est la conduite tenue par Napoléon Ier à Tilsitt, en 1807, et dans laquelle il a persisté avec raison jusqu'en 1812, c'est-à-dire tant qu'il a été tout-puissant.

On a cherché à prouver, en s'appuyant sur le *Mémorial de Sainte-Hélène*, que l'empereur Napoléon Ier avait toujours eu le projet de rétablir le royaume de Pologne. Rien n'est plus improbable. Les opinions que l'Empereur a pu émettre dans ses conversations avec M. le comte de Las Cases à Sainte-Hélène, sachant qu'elles seraient aussitôt transcrites dans un Mémorial destiné à être publié, et qu'elles pourraient exercer une certaine influence en France, en Europe, dans tout le monde civilisé, peut-être même jusqu'à la postérité la plus reculée, n'ont rien de bien sérieux au point de vue sévère de l'histoire. L'Empereur avait un intérêt évident à répandre ces idées-là. C'était encore de la politique, et de celle qu'il pouvait d'autant mieux se permettre qu'elle ne l'engageait en rien.

Pour bien comprendre la véritable opinion de l'empereur Napoléon Ier, il faut se reporter d'abord à l'époque de Tilsitt, en 1807, et, ensuite, à celle qui a précédé la campagne de Russie en 1812; car à ces deux époques il était tout-puissant, il tenait le sort de la Pologne dans ses mains et il avait tout intérêt à s'attacher le plus possible cette vaillante nation.

En 1807, après la victoire de Friedland, qui forçait l'empereur de Russie à lui demander la paix, que pouvait craindre

Napoléon? N'avait-il pas abattu l'Autriche à Austerlitz, la Prusse à Iéna? Ne tenait-il pas encore celle-ci sous ses pieds? Sans doute il n'avait pas à sa disposition toutes les anciennes provinces polonaises; la Russie pouvait lui disputer celles qui étaient au delà du Niémen; mais il en avait assez pour constituer un royaume de Pologne, et il semblait qu'il fût de son intérêt de se créer cet allié naturel, pour l'interposer entre la Russie et l'Allemagne, entre la Russie et la Prusse surtout, qu'il se proposait de mettre dans l'impuissance absolue de lui résister désormais.

Cependant il n'en fit rien, et, quelque jugement que l'on ait porté sur sa conduite à cette époque, on ne peut nier qu'elle lui fut inspirée par l'intérêt de la France, qui était l'intérêt dominant de sa politique, quelque fût celui qu'il portait d'ailleurs très-sincèrement à la nation polonaise.

Napoléon connaissait trop bien l'histoire de la Pologne, pour croire qu'un nouveau royaume de Pologne, indépendant et abandonné à lui-même, pût être viable. Tous les hommes politiques les plus éminents ont partagé son opinion à cet égard.

Il eût fallu donner à la Pologne un roi, pris dans sa famille sans doute, car la noblesse polonaise n'aurait voulu obéir à aucun des personnages tirés de ses rangs. A ce roi, il eût fallu laisser pendant longues années une armée de deux cent mille hommes, comme l'a dit Napoléon au prince Murat, pour que ce royaume pût se constituer et se faire respecter de ses voisins. Or, à cette époque, la mer n'était pas libre, les chemins de fer n'existaient pas; l'entretien à pareille distance d'une armée française, même beaucoup moindre, était impossible. D'ailleurs, qu'eût-on fondé? L'anarchie! rien de plus. Comment un pays sans commerce, sans industrie, presque sans agriculture, avec un peuple ignorant et pauvre, une noblesse ambitieuse, ardente, intraitable, livrée à toutes les passions ruineuses et énervantes des vieilles aristocraties, sans aucune tradition d'administration, de crédit, de justice, sans autre hiérarchie que les prétentions nobiliaires, pouvait-il se constituer solidement, éviter les séditions intérieures, vivre autrement que par la guerre, aboutir ailleurs qu'à des revers, à des désastres qui eussent engagé l'honneur et les armes de la France? C'était un boulet que la France se serait attaché au pied, et quel effroyable boulet!...

L'empereur Napoléon fut sage, il se montra grand politique, en n'essayant pas de rétablir ce que la main de Dieu avait laissé abattre, ce qui n'était plus viable. Il sut résister à toutes les sollicitations, à toutes les influences, à toutes les tentations de son propre orgueil; il prit un autre parti et l'expérience prouva qu'il avait eu raison.

Il jugea qu'il était de l'intérêt de la France de maintenir la frontière de Russie au Niémen et de ne pas rendre à la Prusse la partie de la Pologne qu'il avait enlevée par la force des armes, parce que cela contribuerait beaucoup à empêcher la Russie de venir, en temps utile, au secours de la Prusse et de l'Autriche, s'il avait de nouveau la guerre avec ces puissances. Mais, en retenant cette partie de la Pologne, qui en était autrefois le cœur et dans laquelle s'était concentré tout ce que le patriotisme polonais avait conservé de plus ardent, il ne crut pas prudent de lui rendre le nom de Pologne, ni de la livrer à une indépendance qui ne pouvait être que turbulente et anarchique. Il la remit donc aux mains du roi de Saxe, tout en la constituant en un grand-duché, qui devait jouir et qui a joui, en effet, d'une véritable autonomie.

En l'unissant ainsi à un royaume trop faible pour l'absorber, il doublait la force de l'un et de l'autre de ces États et il augmentait la sienne propre, puisque la Saxe était sa plus sincère alliée en Allemagne. Il plaçait, en outre, la Pologne dans une position qui devait assurer sa sécurité au dedans et au dehors, en la mettant sous la protection de la haute considération dont jouissaient la dynastie saxonne et la personne du roi de Saxe dans toute l'Europe.

Cette combinaison était si juste, si conforme à l'intérêt de la France, qu'en 1815, Louis XVIII désirait la faire maintenir et qu'il a fait tout son possible pour cela, malgré les grandes obligations qu'il avait envers l'empereur de Russie. Les documents les plus authentiques prouvent, en effet, que ce n'a pas été sa faute si la Pologne a passé à cette époque sous le sceptre de l'empereur Alexandre.

Parmi les nombreux motifs que pouvait avoir l'empereur Napoléon pour s'arrêter à la combinaison qu'il adopta en 1807, et qui avait pour but apparent de ménager les susceptibilités des trois grandes puissances du Nord, il s'en trouvait un qu'il importe de rappeler : c'est que la Saxe est tout à la fois un État catholique, où le sentiment religieux est demeuré très-ferme au milieu du protestantisme allemand, et un pays très-éclairé, où les lettres et les arts sont plus et mieux cultivés que dans tout le reste de l'Allemagne. La Saxe devait donc sympathiser et elle a, en effet, vécu en bon accord avec la Pologne, jusqu'à l'époque de la chute violente de l'Empire.

Ainsi constitué, le grand-duché de Varsovie n'a presque rien coûté à la France, et ses troupes sont venues néanmoins se joindre aux nôtres sur tous les champs de bataille, depuis le fond de l'Espagne et du Portugal jusqu'à Moscou.

En 1811 et 1812, lorsque Napoléon fut sollicité de nouveau pour le rétablissement d'un royaume de Pologne, il dut nécessairement prendre beaucoup de ménagements envers des populations dont il avait besoin. Cependant il n'hésita pas à refuser tout changement dans un état de choses qui avait réussi et qu'il importait de maintenir intact tant que les événements ne viendraient pas en nécessiter l'abandon ou la modification.

On peut dire, et cela n'est pas sans fondement, que dans les résolutions qu'il prit à l'égard de la Pologne, l'empereur Napoléon n'était pas tout à fait libre, et qu'ayant besoin de ménager l'Autriche, il ne pouvait pas violer l'engagement qu'il avait pris vis-à-vis d'elle, de ne pas rétablir le royaume de Pologne. Mais à qui fera-t-on croire que si Napoléon avait jugé utile à sa politique de rétablir un royaume de Pologne, après l'éclatante victoire de Friedland, il se serait arrêté à la considération de déplaire à l'Autriche, et qu'il eût été embarrassé pour vider avec elle cette petite difficulté, qui d'ailleurs ne lui causait aucun dommage matériel. L'empereur a pu mettre en avant ce motif vis-à-vis de ceux qui lui demandaient de rétablir le royaume de Pologne ; mais pour lui, il n'a fait qu'obéir aux inspirations de son génie et à des idées arrêtées depuis longtemps dans son esprit par l'étude de l'histoire et par celle de la configuration de l'ancien royaume de Pologne.

On peut objecter encore qu'ayant mesuré, pendant la campagne de 1807, la difficulté d'atteindre une puissance comme la Russie, et désireux de profiter de l'occasion de Tilsitt pour faire la conquête du Czar, Napoléon était obligé d'user des plus grands ménagements envers lui, et, tout en retenant la Pologne entre ses mains, devait amoindrir moralement le sacrifice qu'il lui imposait ; que ce n'était donc pas le moment de l'ériger en royaume, et surtout de faire revivre un royaume de Pologne ; que s'il eût agi autrement, il n'eût pu éviter de blesser mortellement l'amour-propre d'Alexandre, à moins de lui abandonner les provinces danubiennes, que la Russie convoitait vivement à cette époque ; mais qu'il ne pouvait les lui laisser prendre sans se brouiller avec la Turquie et avec l'Autriche, et sans lui créer en Europe un accroissement de force qu'il ne voulait lui accorder à aucun prix.

Ces observations sont vraies ; mais elles ne prouvent qu'une chose, c'est que le vaste génie de Napoléon, qui embrassait toute l'Europe, tout le monde civilisé dans ses calculs, avait beaucoup de raisons, tant intérieures qu'extérieures, pour ne pas rétablir un royaume de Pologne. Elles ne prouvent pas pour cela qu'il fût impossible à un caractère absolu et opiniâtre comme le sien de le rétablir, s'il l'avait jugé convenable ; il est certain, au contraire, qu'il en était parfaitement le maître, et que s'il ne l'a pas fait, c'est parce qu'au lieu d'y trouver une force, il n'y voyait qu'un affaiblissement et un danger pour la France, sans aucun profit pour les Polonais eux-mêmes. Retirer la Pologne des mains de la Prusse et de la Russie, la placer dans une position paisible qui ne pouvait porter d'ombrage à personne, en tirer d'excellentes troupes, se réserver une base d'opérations pour l'avenir, rester libre de porter ses armes et son influence à l'autre extrémité de l'Europe, c'étaient là d'excellents calculs, et si Napoléon, maître de ses passions, avait toujours agi avec cette sagesse, sa puissance n'aurait jamais rencontré les écueils sur lesquels elle s'est brisée.

La situation actuelle n'est assurément pas la même qu'en 1807. L'Empereur Napoléon III ne tient pas la Pologne entre ses mains, et quoiqu'il ait fait sentir le poids de ses armes à la Russie et à l'Autriche, il a trop de prudence pour ne pas ménager la juste susceptibilité des autres nations, pour s'exposer à engager, sans nécessité, les forces du pays, dans une question qui touche plus à nos sentiments qu'à nos intérêts ; mais, en même temps, il connaît trop le caractère national, pour oublier jamais que l'honneur passe en France avant l'intérêt, et qu'il est de son devoir de faire tout ce que le sentiment de notre honneur commande, sans s'arrêter plus qu'il ne convient aux dangers et aux charges qui peuvent en résulter.

Le rôle du gouvernement est donc de chercher sérieusement quelle peut être la solution la plus convenable de la question au point de vue de notre honneur et de l'intérêt général de l'Europe ? Quels sont les moyens de l'atteindre, en ne livrant aux hasards de la lutte que ce qui échappe à la prévoyance humaine ? C'est à lui qu'il appartient de calculer quels sont les obstacles qu'on doit rencontrer ; quels sont ceux que l'on peut éviter ou amoindrir ; quels sont ceux, enfin, qu'il faut se préparer à briser ? C'est en marchant avec prudence toujours, mais aussi avec fermeté, avec opiniâtreté au besoin, dans cette voie, que sa diplomatie, s'appuyant sans forfanterie sur une force que l'univers connaît, pourra mener l'affaire à une bonne et glorieuse fin.

Partant de cette vérité démontrée, que le royaume de Pologne ne peut rester soumis à la domination de l'empereur de Russie sans que l'Europe ne soit exposée à être sans cesse affligée par les mêmes violences, les mêmes désordres, à se voir sans cesse à la veille de mouvements populaires qui peuvent amener une conflagration générale ; il ne reste qu'à chercher :

1° Quelle est, dans l'état de l'Europe, la position la plus convenable à donner à ce qu'on appelle le royaume de Pologne ?

2° Quels sont les moyens de rallier à ce projet les principales puissances et d'obliger les autres à l'accepter ?

De tous les projets, le plus simple, le plus acceptable pour la Russie, pour l'Autriche, même pour la Prusse, aussi bien que pour la France et l'Angleterre, est assurément celui que Napoléon Ier avait adopté en 1807 ; car l'union de la Pologne avec la Saxe n'a rien de menaçant pour personne, ménage autant que possible tous les amours-propres, et mettrait un terme assuré à toutes les tribulations de l'Europe.

Mais la mise à exécution de ce projet ne saurait plaire à tout le monde ; non-seulement parce qu'elle ne donnerait qu'une demi-satisfaction aux passions surexcitées de toutes parts, mais encore parce qu'elle inquiéterait, dans leur avenir, quelques prétentions des puissances rivales, notamment celles de la Prusse. La Saxe et la Pologne étant catholiques, et devant naturellement incliner vers l'alliance autrichienne, la Prusse y verrait un affaiblissement pour son influence en Allemagne et ne se prêterait que difficilement aux remaniements de territoires nécessaires pour assurer l'union de ces deux États, séparés aujourd'hui par la Silésie.

Avant de s'arrêter à ce projet, il convient donc d'examiner ceux qu'on peut lui opposer.

Un des plus séduisants pour la France, dans l'état actuel de l'Europe, serait la réunion de la Pologne à l'Autriche, en compensation des pertes que cette puissance a éprouvées en Italie dans la dernière guerre, et de la cession qu'elle ferait encore de Venise, Mantoue et Peschiera.

Dans cette hypothèse, Mantoue et Peschiera seraient cédées au royaume d'Italie pour redresser et assurer ses frontières. Venise pourrait être déclarée port franc, ou, sous toute autre forme, être placée dans une situation mixte qui lui permettrait d'offrir à la Russie la station, le port de refuge et de réparation qu'elle ambitionne dans la Méditerranée.

Mais il est vraisemblable que ce projet ne serait accepté ni par la Prusse, ni par l'Autriche elle-même ; car, d'abord il ne saurait entrer dans ses vues de faire aucune concession nouvelle en Italie, surtout au roi Victor-Emmanuel, à moins que celui-ci ne renonçât formellement à toute prétention sur Rome, et peut-être même n'abandonnât les États Napolitains, ce qu'il ne peut faire sans s'exposer à un soulèvement garibaldo-mazzinien, et ensuite parce que cela mettrait l'Autriche dans une position si irritante vis-à-vis de la Prusse et de la Russie, qu'elle devrait se tenir sans cesse sur le qui-vive avec ses deux redoutables voisins. D'ailleurs on remarquera que ce serait toujours l'absorption de la Pologne par un grand État et l'anéantissement du nom polonais ; car l'Autriche ne voudrait pas reconstituer, même à son profit, un royaume de Pologne, elle qui vise à l'unification de son empire. Ainsi ce projet est inadmissible à tous les points de vue.

La cession de la Pologne à la Prusse inspirerait peut-être moins de répugnance à la Russie et elle pourrait être agréée par l'Angleterre; mais elle ne satisferait à aucun des grands intérêts qui sont en cause; car non-seulement la Prusse n'aurait aucune compensation à offrir à la Russie ni à l'Autriche, mais encore elle serait mal accueillie par les Polonais, qui y verraient toujours leur absorption par une grande puissance, la destruction de leur autonomie et une menace permanente pour leur religion, puisque la religion protestante est dominante en Prusse et que le roi de Prusse soutient ouvertement les efforts incessants que l'on fait dans ses États pour arriver à l'unité religieuse en faveur de sa propre confession.

La France seule pourrait y trouver quelque compensation territoriale, non par la cession des Provinces rhénanes, qui paraîtrait peut-être un sacrifice trop considérable pour la Prusse; mais du moins par quelques rectifications de frontières, notamment par la restitution de Sarrelouis.

La rectification de nos frontières du Nord est désirable, sans doute, mais pas autant qu'on le suppose. La France est assez forte pour se passer de l'annexion des Provinces rhénanes, jusqu'à ce que les habitants de ces provinces éprouvent eux-mêmes le besoin et le désir de devenir Français et de s'unir à nous de cœur, comme l'ont fait depuis longtemps les Alsaciens, sans renoncer à leur langue maternelle.

D'ailleurs, une politique étroite, qui ne s'inspirerait que de l'intérêt immédiat de la France et qui lui sacrifierait celui de la Pologne, ne serait digne ni de notre nation, ni de son gouvernement, et ne rencontrerait qu'une répulsion générale en Europe.

Ainsi la Pologne, qui ne veut pas être russe, ne peut être ni tout à fait indépendante, ni autrichienne, ni prussienne. Il est donc évident qu'elle ne peut conserver son autonomie et retrouver une existence calme qu'en passant sous le sceptre du roi de Saxe, comme en 1807, en reprenant la position qu'elle avait avant les traités de 1815, et que cette combinaison, malgré le déplaisir qu'elle causerait à la Prusse et le peu d'appui qu'elle rencontrerait en Angleterre, est la seule qui puisse concilier tous les intérêts européens.

Mais, diront quelques entêtés, pourquoi ne pourrait-on pas faire pour la Pologne ce qu'on a bien fait pour la Grèce, pour la Belgique, et même pour la Valachie et la Moldavie? La réponse sera facile.

La Grèce, placée dans une presqu'île, ne pouvait être annexée à aucune puissance du continent qui fût en état de la soutenir. En la plaçant sous la protection simultanée des trois grandes puissances qui l'avaient délivrée du joug de la Turquie, on lui a bien donné le moyen d'échapper à cet esclavage odieux ; mais on n'a pu parvenir à lui donner l'esprit d'ordre, les mœurs, les traditions administratives, qui sont nécessaires pour constituer une nation libre et digne de se gouverner elle-même. L'édifice a donc croulé, et ce n'est qu'en se jetant dans les bras de l'Angleterre, comme elle le fait en ce moment, qu'elle aura la chance de gagner encore quelques années d'une existence précaire. L'exemple n'est donc pas à imiter.

La Belgique a mieux réussi ; mais on ne peut nier que si elle jouit depuis trente ans d'une existence autonome et heureuse, c'est uniquement à la haute sagesse du roi Léopold qu'elle le doit, à la grande considération dont jouit ce prince en Angleterre, en Allemagne, en France et presque dans le monde entier. C'est là un phénomène tout personnel et qui pourra bien disparaître à la mort de ce roi ; car rien ne saurait empêcher la Belgique d'être le champ de bataille naturel de la France et de l'Angleterre à leur première rupture. Du jour où le prince qui gouvernera ce pays cessera d'en faire l'entrepôt des marchandises anglaises, où il cherchera à s'appuyer sur l'Autriche ou sur la Prusse, il ne pourra éviter d'être écrasé dans le choc des grandes puissances et de se voir absorbé par l'une ou par l'autre. En résumé d'ailleurs, la Belgique, qui avait toutes les sympathies de la France, en acquérant en outre celles de l'Angleterre, pouvait facilement s'affranchir et à tout jamais du joug de la Hollande, à laquelle le congrès de Vienne, les traités de 1815, l'avaient unie contre son gré et contre tous ses intérêts. Ici l'autonomie d'un petit État a été rendue possible par la bienveillance des grands États, ses voisins, et par la faiblesse de celui

qui prétendait le dominer; et encore n'est-il pas bien certain qu'elle puisse survivre longtemps au roi Léopold.

Enfin, la récente formation de l'État Moldo-Valaque n'est pas, il faut l'avouer, un exemple bien encourageant pour les puissances qui y ont concouru. D'abord cet État n'est pas indépendant; il reconnaît la suzeraineté de la Porte Ottomane et doit solliciter, c'est-à-dire acheter, son approbation pour toutes les grandes mesures qui s'écartent quelque peu de sa constitution organique. En second lieu, quoique le prince Couza ait été élu librement et simultanément dans la Valachie et dans la Moldavie, il ne peut déjà plus s'entendre avec les Chambres qui l'ont porté au pouvoir, et il ne peut parvenir à faire face aux charges de son gouvernement qu'en s'attaquant aux biens des couvents, dont l'influence considérable sur les campagnes ignorantes et abruties de la plus grande partie de ses États, est tout à la fois l'appui du Christianisme et celui de son pouvoir contre les musulmans.

Ce n'est donc là, ni une situation enviable, ni une véritable autonomie. C'est une sorte d'équilibre maintenu au moyen des jalousies mutuelles de la Russie, de l'Autriche et de la Porte Ottomane, qui peut profiter au pays, avec un prince sage, mais qui n'a rien de solide.

La Pologne serait assurément dans un équilibre meilleur entre la Russie, la Prusse et l'Autriche, en s'appuyant sur la base que lui offrirait la Saxe, si elle passait sous le sceptre respecté du Prince éminent qui règne aujourd'hui sur cet heureux pays. Son autonomie, sans être aussi apparente que dans une indépendance absolue, serait tout aussi réelle et bien plus sûre. Elle rencontrerait dans les hommes d'État qui dirigent depuis longues années l'administration saxonne, les lumières, les traditions qui lui manquent, et sans lesquelles elle ne peut espérer de se constituer d'une manière durable. Enfin, s'il devait jamais arriver qu'elle eût à se plaindre assez sérieusement des Saxons pour vouloir s'en séparer, du moins aurait-elle acquis alors des habitudes d'ordre, de bonne administration, qui la rendraient capable de se gouverner elle-même, ce qu'elle ne saurait nullement faire aujourd'hui.

Ainsi, plus on examine la question, plus on est ramené vers

cette solution que le génie de Napoléon avait trouvée du premier coup ; mais il reste à savoir comment on pourrait y parvenir et la faire triompher de toutes les résistances ?

Ce triomphe résulterait, à coup sûr, de la réunion en congrès des puissances signataires des traités de 1815, avec ou sans le concours de la Russie, à la condition toutefois que la France y prendrait, avec résolution et fermeté, l'attitude qui convient pour amener une prompte solution : car, tout en se montrant modéré, poli, conciliant, il serait nécessaire de faire entrevoir la guerre comme inévitable, si les récalcitrants cherchaient à faire échouer le congrès par des lenteurs calculées.

Mais si la réunion d'un congrès présentait trop de difficultés, si elle devait amener de trop longs retards, on pourrait arriver à un résultat plus prompt et tout aussi décisif, en s'entendant, soit par des négociations isolées, soit par une réunion en conférence spéciale avec les principales puissances intéressées dans la question. L'essentiel est de parvenir à formuler une résolution commune et à préciser, autant que possible, le rôle de chacun.

Là est certainement une difficulté qui serait invincible, si le gouvernement français n'avait pas donné bien des preuves de sa générosité, et s'il n'était pas évident que, dans l'affaire de Pologne, il ne cherche aucun avantage matériel; il ne peut même espérer d'être payé de ses sacrifices, que par la considération et l'influence qu'il en doit recueillir, par l'avantage d'assurer la stabilité de l'Europe centrale ainsi que la sienne propre.

Dans tous les cas, et quelle que soit la voie que le gouvernement préfère adopter, le plus sûr moyen d'éviter la guerre et d'épargner à l'Europe le spectacle d'une effusion de sang toujours fâcheuse, toujours nuisible aux intérêts généraux, c'est d'en rendre à l'avance les résultats tellement probables, que nos adversaires n'en puissent rien espérer.

C'est donc par des alliances sérieuses, par le concours d'un grand nombre de volontés formellement exprimées ou même représentées par des contingents militaires, que l'on doit procéder ; car il importe au succès que tout en prenant le rôle qui lui revient de droit, la France n'ait l'air d'agir et n'agisse, en effet, qu'au nom et avec le concours de tous.

L'Autriche et l'Angleterre ont un intérêt évident à s'associer à cette politique. L'Angleterre, il est vrai, ne s'intéresse pas assez aux Polonais pour faire les sacrifices d'une guerre en leur faveur ; mais elle est l'adversaire naturel de la Russie ; elle a de plus un grand intérêt d'influence, autant que d'amour-propre, à ne pas laisser la France entraîner toute l'Europe à sa suite, et résoudre la difficulté par le seul ascendant de sa puissance morale, ou du poids de son épée.

L'Autriche a, de son côté, bien des raisons pour ne pas faire la guerre ; mais, dans l'état des choses, le seul moyen pour elle de l'éviter avec honneur, et, si elle est forcée de la faire, d'en diminuer les périls autant que possible, c'est de se joindre dès le principe à la France, pour entraîner avec elle les États secondaires et faire tellement pencher la balance, que la Prusse seule puisse rester du côté de la Russie.

Une considération pourrait arrêter l'Autriche dans cette voie ; ce serait la crainte de ce qui pourrait advenir en Italie pendant que ses armées se concentreraient vers le nord de l'Europe.

Il y a deux moyens de lui ôter cette inquiétude : le premier en usant de notre influence et, au besoin, de celle de l'Angleterre, pour déterminer le roi d'Italie à se joindre à cette dernière et à la France dans les négociations, et à préparer une expédition que la flotte italienne, soutenue par celle d'Angleterre ou par la nôtre, transporterait en Suède ou en Danemark, en face des côtes de la Pologne, pour concourir à la guerre, dans le cas où elle deviendrait inévitable. Le second moyen serait de susciter au roi d'Italie de graves embarras, d'abord en entravant le concours que prêtent les Bourses de Paris et de Londres aux entreprises financières qui soutiennent le gouvernement italien, et ensuite en favorisant un soulèvement, soit en Sicile, soit dans les provinces napolitaines. Ce moyen n'est pas français et ne saurait être à notre usage, mais il n'a rien de contraire aux habitudes anglaises et pourrait nous venir en aide, le cas échéant.

Du reste, il est permis d'espérer que le gouvernement italien n'attendrait pas d'être placé entre ces alternatives, pour choisir le rôle le plus brillant, le plus noble, le plus conforme à l'intérêt et à la gloire de ses peuples, de son souverain ; l'expédition de Pologne.

Ce point obtenu, rien de sérieux ne pourrait arrêter l'Autriche, qui entraînerait avec elle la plus grande partie de l'Allemagne.

L'Angleterre, à son tour, se trouverait tellement engagée, qu'elle ne pourrait refuser, sinon ses armées, du moins son concours moral, et, probablement, celui de sa flotte.

Resterait la Prusse, dont les résolutions ne peuvent guères se prévoir. Mais enfin elle aurait à choisir entre trois rôles : 1° s'unir à l'Angleterre et à la France pour éviter une conflagration générale et sauver l'amour-propre de la Russie par une résolution unanime ; ce serait le parti le plus sage, mais malheureusement c'est le moins probable ; 2° s'allier à la Russie pour repousser avec elle les résolutions des autres puissances ; mais ce parti la conduirait nécessairement à se préparer à la guerre contre la France et à accepter la lutte dans les conditions les plus défavorables ; puisque la Russie ayant affaire, tout à la fois, à l'insurrection polonaise et à l'intervention de l'Autriche, soutenue de diverses puissances, ne pourrait guères venir à son aide. Elle devrait donc s'attendre à voir, d'un côté, ses provinces rhénanes envahies par un corps d'armée français, tandis que le gros de notre armée, pénétrant en Allemagne, la couperait en deux, et que ses provinces polonaises, à l'autre extrémité, seraient soulevées par l'invasion opérée par terre et par mer, et même, très-probablement, sans qu'aucune expédition eût encore débarqué.

Évidemment l'armée russe y regarderait à deux fois avant de franchir le Niémen et surtout de dépasser la Vistule. Dans tous les cas, la Prusse aurait plus de la moitié de ses États envahie avant que la Russie pût lui porter le moindre secours.

Sans doute la guerre a des chances ; les Prussiens sont braves, résolus, leur armée a une excellente discipline, une organisation très-élastique, et la plupart des officiers sont trop imbus de l'orgueil national pour douter qu'ils ne puissent obtenir une journée de Rosbach ou de Waterloo. Mais c'est justement là, pour eux, le danger ; cette confiance d'une armée inexpérimentée est ce qui a amené les désastres d'Iéna et d'Auwerstedt ; ils ne devraient pas l'oublier, et bien imprudents seraient les hommes d'État qui s'exposeraient à subir les conséquences d'une pareille aventure.

Si donc leur gouvernement était conduit avec la prudence et la modération qui devraient toujours présider à la conduite des affaires d'un grand peuple, il se garderait bien d'affronter un semblable péril pour une aussi mauvaise cause, et il se rallierait sans hésiter au premier parti; mais il est à craindre qu'au milieu des fluctuations de sa politique, il n'essaie du troisième et dernier parti qui se présente, celui d'une neutralité armée.

S'il ne s'agissait que d'une neutralité complète et désarmée, ou à peu près; si, en acquiesçant aux résolutions générales, la Prusse désirait seulement s'abstenir de toute action contre son vieil allié, l'empire de Russie, ce parti sage pourrait être accepté par les puissances belligérantes. Mais il ne saurait en être de même d'une neutralité armée; les circonstances pourraient peut-être la faire tolérer momentanément; ce ne serait là qu'un répit; l'intérêt de la Pologne conduirait naturellement la France et ses alliés à peser sur la Prusse aussitôt que l'affaire principale serait décidée, et si la Prusse voulait alors résister, elle ne le pourrait plus. Ce serait donner à la France une superbe occasion de s'indemniser de ses armements, en déchirant encore quelques lambeaux des traités de 1815.

Il y a, du reste, une grave considération qui devrait amener l'acquiescement de la Prusse et même, peut-être, celui de la Russie à cette combinaison, si elle était réclamée à l'unanimité par les autres puissances, c'est que leur refus amènerait une guerre tellement disproportionnée, qu'elle ne leur offrirait que des chances désastreuses. Il n'y aurait pour elles qu'un moyen d'y échapper, c'est d'étouffer l'insurrection polonaise avant la décision du congrès ou de la conférence des puissances intervenantes. Mais cela n'est pas facile, car il faudrait pour cela détruire tout ce qui a du cœur en Pologne, et, si barbares que soient les Russes, ce n'est pas l'œuvre d'un jour; il y faut des années; la Lithuanie ne le prouve, hélas! que trop aujourd'hui par son réveil inattendu.

On peut faire beaucoup d'objections contre ce projet; on peut demander d'abord quels sont les droits de la maison de Saxe à la couronne de Pologne? Ces droits, c'est Napoléon Ier qui les a établis par ses victoires, en 1807; qui les a fait reconnaître par la Russie, dans le traité de Tilsitt; qui les a proclamés, avec l'acquiescement de toute l'Europe, et cette consécration qui leur a été enlevée par les traités de 1815, doit revivre de plein droit, du moment où ces traités sont méconnus et violés par la Russie elle-même. Il y a un dilemme auquel la diplomatie ne peut échapper : ou la Pologne appartient à la Russie, ou elle appartient à la Saxe ; la Pologne seule aurait le droit de dire qu'elle s'appartient à elle-même ; mais pour cela il lui faudrait ce qu'elle n'a pas, la force de se relever. Qu'elle accepte donc la main généreuse qui peut seule l'y aider et la protéger contre les violences de ses oppresseurs.

Il est une autre objection que ne manqueront pas de faire quelques esprits chagrins, qui ont conservé de vieilles rancunes contre l'armée saxonne. La journée de Leipsig a laissé en France de douloureux souvenirs ; mais il ne faudrait pas oublier que les Prussiens avaient donné l'exemple à la retraite de Russie ; que les Autrichiens nous avaient bien vite abandonnés après eux, ainsi que tous les autres peuples allemands, les Westphaliens eux-mêmes ; enfin, que les Bavarois, dont le roi nous devait sa couronne et était allié de si près à l'empereur Napoléon, ne s'en sont pas tenus à se séparer de nous, et qu'ils sont venus nous barrer le passage à Hanau, pour nous empêcher de rentrer en France et nous donner le coup de grâce. Que quelques généraux ambitieux de l'armée saxonne ayent réussi à entraîner leur troupe du côté où se trouvait toute l'Allemagne, alors que l'armée française, acculée sur Leipsig, livrait une dernière bataille dont l'issue n'était douteuse pour personne, cela, en vérité, n'avait rien d'étonnant.

Ce qu'il faudrait se rappeler, c'est la fidélité inébranlable de la maison de Saxe, c'est le dévouement du roi, resté avec nous à Leipsig, et la fidélité de sa cavalerie, qui n'a quitté nos rangs que sur l'ordre et avec les remercîments de l'empereur Napoléon.

Il faut donc laisser de côté des récriminations qui peuvent être justes à l'égard de quelques hommes, mais qui ne portent en aucune façon sur la nation saxonne en général, non plus que sur le noble caractère de la maison souveraine de Saxe, l'une des plus anciennes et des plus estimées de toute l'Europe. D'ailleurs il ne s'agit pas ici de faire les affaires de la Saxe, qu'on le

remarque bien, il s'agit de faire celles de toute l'Europe et par-
ticulièrement celles de la France.

L'intérêt de l'Europe est de mettre un terme à la lutte hé-
roïque que soutiennent les Polonais contre les Russes, lutte
qui, sans cette intervention, ne peut aboutir qu'à un embrase-
ment général ou à leur destruction complète par les Russes.

L'intérêt de la France est de sauver la Pologne de cette
affreuse destruction, sans la donner à aucune des grandes puissances, sans la livrer à l'anarchie et à l'impuissance d'une nation
qui n'a plus les éléments nécessaires pour s'administrer seule et
qui ne peut les avoir de longtemps.

C'est donc l'intérêt de l'Europe et celui de la France que
servira, avant tout, le roi de Saxe, en acceptant la souveraineté
de Pologne sans renoncer à celle qu'il possède déjà. Ce ne sera
pas d'ailleurs une sinécure. Un pays si horriblement maltraité,
pillé, ruiné, démoralisé pendant plus de trente ans, presque
sans interruption, sera moins une faveur pour lui qu'une charge
énorme. Ce sera une tâche glorieuse, sans doute, mais longue
et pénible, de remettre l'ordre en Pologne, de reconstituer ce
noble pays et d'assurer la tranquillité de toute l'Allemagne. Une
pareille mission est bien digne d'appeler, avec tous les soins du
souverain qui l'acceptera, le concours du peuple éclairé et généreux qu'il gouverne ; mais on ne peut se dissimuler qu'elle
sera très-délicate pour lui et peut-être fort onéreuse pour une
nation aussi paisible jusqu'à ce jour. Si elle doit augmenter sa
puissance et élever son rang en Europe, ce ne sera pas sans
l'exposer à bien des aventures qu'elle n'a pas à craindre ac-
tuellement.

Il faut donc s'attendre à ce que le roi de Saxe commencera
par décliner l'honneur de cette nouvelle couronne et ne consen-
tira à l'accepter que lorsqu'il sera bien établi qu'il le fait dans
l'intérêt de la paix de l'Europe.

Pour rendre cet établissement solide et durable, il serait très-
utile que l'on pût joindre au royaume actuel de Pologne, la
partie de la Silésie qui le sépare de la Saxe, et, en outre, une
partie des anciennes provinces polonaises qui bordent la Baltique.
Ces annexions sont à peu près indispensables pour le lier à la
Saxe et lui procurer quelque commerce, tant avec la Suède et le

Danemark, qu'avec la France et l'Angleterre. Ce serait d'ailleurs aussi le moyen de mettre ces puissances à même de lui porter secours, en cas de besoin, contre ses redoutables voisins.

Ici se présente encore une difficulté assez grave ; car il ne paraît guère possible de trouver une compensation suffisante à offrir à la Prusse. Mais cette difficulté ne serait un obstacle sérieux que dans un congrès où la Prusse se joindrait de bonne grâce à la France, à l'Angleterre et à l'Autriche, pour obliger la Russie à abandonner ses droits sur la Pologne. Dans le cas beaucoup plus probable, au contraire, où la Prusse resterait plus ou moins ouvertement alliée à la Russie, dans le cas même où elle voudrait rester dans une neutralité complète, plus apparente que réelle en pareille occurrence, on serait parfaitement fondé à agir sans ménagement à son égard, et à lui prendre tout ce qu'on jugerait nécessaire pour donner à la Pologne une constitution territoriale qui assure sa sécurité et son avenir.

D'ailleurs, pourquoi ne pas l'avouer, l'intérêt évident de la France et celui de l'Autriche est d'agir contre la Prusse d'abord, comme étant plus facile à atteindre que la Russie, et, après l'avoir réduite à demander la paix, rien ne sera plus facile que d'en obtenir ces cessions de territoires. Le tout est de rallier l'Angleterre à ce plan ; car si l'on peut à la rigueur se passer d'elle, il n'y aurait plus rien à craindre avec son adhésion.

Il est d'ailleurs superflu de faire remarquer qu'enlever à la Prusse une partie de ses provinces polonaises et de ses ports de la Baltique, c'est l'amoindrir en Allemagne et sur le Rhin ; c'est pour nous presque l'équivalent des Provinces rhénanes ; c'est nous créer une grande chance de les voir revenir à nous d'elles-mêmes, par la force des choses, avant un quart de siècle.

Mais, diront les fanatiques, ce projet aboutit toujours à la guerre, comme le nôtre ; pourquoi ne pas alors reconstituer tout simplement un grand royaume de Pologne, capable de se suffire à lui-même ? etc., etc. Sans aucun doute, la guerre est aujourd'hui au fond de toutes les solutions, excepté celle qui consisterait à abandonner la Pologne au bon plaisir du czar, c'est-à-dire à la ruine, à la dévastation et au pillage de ses lieutenants. Mais le rétablissement d'un grand royaume de Pologne, c'est la guerre générale, c'est toute l'Europe contre la France !... et pour créer quoi ? un gouvernement impossible !

Le projet actuel, le royaume de Pologne détaché de la Russie et joint à la Saxe, peut se réaliser sans guerre ; mais à supposer qu'on ne puisse éviter d'en venir aux mains, c'est la guerre dans les meilleures conditions possibles ; c'est une guerre qui peut être terminée en une seule campagne, deux au plus. Il suffirait, en effet, d'une campagne heureuse en Prusse, pour porter les grandes armées européennes sur la Vistule, et d'une seconde campagne contre la Russie seule, dépourvue d'alliés, pour forcer cette puissance à abandonner une souveraineté devenue impraticable et à laquelle elle ne tiendrait plus que par amour-propre.

La solution proposée étant conforme à ce qui existait avant 1812, n'a rien au fond de menaçant pour la Russie, ni pour aucune autre puissance ; elle doit, par conséquent, être acceptée de toutes, lorsqu'elles seront mises sérieusement en demeure de se prononcer.

Une dernière objection est celle que feront les Polonais eux-mêmes, qui ne rêvent que leur affranchissement absolu.

Il ne faut pas attacher trop d'importance à ces opinions qui ne sont qu'à la surface des nations, et ne se caractérisent que dans les hommes qui jouent ou qui aspirent à jouer un rôle marquant dans le public. La majeure partie, l'immense majorité des Polonais, seront enchantés d'être délivrés des Russes, et, dans la situation qui leur sera faite, se regarderont certainement comme bien plus Polonais que ceux qui sont soumis à la Prusse ou à l'Autriche. Les grands personnages se diviseront donc en deux partis : ceux qui se rallieront au gouvernement nouveau, ceux qui voudront jouer le rôle de mécontents. Ce sera l'œuvre du nouveau gouvernement de contenter les masses et de rallier tous les hommes de valeur. S'il y réussit, et il y a tout lieu de l'espérer avec un prince aussi éclairé, aussi véritablement libéral que le roi de Saxe, il sera durable pour le bonheur de tous. S'il n'y réussit pas, l'Europe aura sans doute à s'en occuper de nouveau ; mais ce ne sera plus dans les mêmes conditions qu'aujourd'hui. Les Polonais ne seront plus sous la menace du knout, de la pendaison, de la fusillade, de la transportation en Sibérie ou aux mines. On pourra s'expliquer et probablement s'entendre. Au surplus, quand bien même l'Europe devrait voir son œuvre se modifier dans vingt ans, dans dix ans, n'est-ce donc rien que d'arracher tant de victimes aux supplices, et d'échapper à cet affreux cauchemar qui doit oppresser tous les souverains, tous les diplomates, tous les hommes de cœur de notre continent.

Certes, si la Pologne pouvait se pacifier et jouir d'une existence supportable sans que l'on fût contraint d'avoir recours aux armes, par la seule puissance de la diplomatie, cela vaudrait mieux ; car la guerre a toujours de l'imprévu et coûte toujours beaucoup de sang et d'argent. Mais s'il est bien certain, et cela ne l'est que trop, que la Russie veut gagner du temps pour épuiser les ressources de la Pologne, écraser ce pays et rendre par là toute intervention désormais superflue, parce qu'il n'est pas donné à l'homme de ressusciter un mort ; les grandes puissances ne pouvant sans déshonneur accepter une aussi abominable mystification, laisser faire sous leurs yeux et au mépris des traités les plus solennels, une sorte de traite des blancs, mille fois plus odieuse et plus barbare que celle des noirs ; si la guerre, enfin, est devenue pour elles un devoir devant l'humanité, devant l'opinion publique et devant Dieu, si ce mal inévitable est devenu sacré, s'il est urgent de sauver les débris de la Pologne, ce que l'on doit chercher dans un pareil conflit, c'est le moyen de restreindre cette guerre autant que possible. Or, le moyen proposé est certes celui qui peut le mieux atteindre ce but ; car c'est celui qui ménage le plus l'amour-propre de la Russie et qui circonscrit davantage le cercle des ambitions.

Il est d'ailleurs parfaitement légitime. Du moment que la Russie a violé les conditions des traités de 1815, et qu'après de longues négociations, elle se déclare impuissante à gouverner la Pologne dans ces conditions, à la faire jouir d'une existence nationale et autonome, heureuse et paisible, comme elle s'y était engagée, il devient de devoir étroit, pour les puissances signataires des traités de 1815, d'annuler l'article de ces traités qui avait placé la Pologne sous le sceptre du czar, et, par conséquent, de la replacer sous le sceptre du roi de Saxe qui la possédait en vertu des traités antérieurs, à moins de la rendre tout à fait indépendante et de lui laisser le soin de fixer elle-même sa position. C'est là du droit strict, de la bonne justice, d'autant plus que la Pologne a toujours été heureuse et paisible sous le gouvernement du roi de Saxe, et que ce n'est pas elle qui a demandé à en être séparée.

On comprendrait difficilement d'ailleurs que le gouvernement impérial se refusât l'honneur et la satisfaction de faire effacer un des plus odieux articles des traités de 1815, des plus contraires aux intérêts et aux sympathies de la France, quand il peut espérer de le faire avec le consentement, l'appui même des principales puissances et aux applaudissements de toute l'Europe.

La guerre, si elle doit éclater dans ces conditions, avec ce but marqué d'avance et approuvé par l'immense majorité des peuples civilisés, ne saurait être longue, ni ruineuse. Les avantages qui en résulteront pour la France, l'Autriche et l'Angleterre, compenseront bien leurs sacrifices en hommes et en argent.

Le refoulement des frontières de la Russie, l'amoindrissement de la Prusse, l'agrandissement de la Saxe et de l'influence catholique en Allemagne, seront des avantages incontestables pour la sécurité future de l'Europe centrale.

Ce serait ici le lieu d'entrer dans l'examen des moyens d'exécution de ce projet; mais il faudrait pour cela sortir du cadre que l'auteur s'est tracé et le dépasser de beaucoup.

Les questions d'opportunité, les questions d'alliance, se compliquent d'autres questions, notamment celles des influences et des intérêts à ménager. Ces hautes considérations sont du ressort du gouvernement. Il n'appartient à aucun publiciste de les traiter du fond de son cabinet; c'est une prétention que l'auteur n'a pas et qu'il ne veut pas que l'on puisse lui supposer. Il croit donc devoir s'arrêter à cette limite, et rester sur le terrain des idées générales.

Un dernier mot cependant. Tout écrit qui s'écarte des routes battues risque fort de ne plaire à personne. C'est le sort ordinaire de la vraie sagesse, d'être d'abord repoussée par tout le monde, parce qu'elle ne satisfait point les passions extrêmes, qui sont toujours les plus bruyantes. Il faut un certain courage, une grande conviction, pour oser braver cette impopularité, surtout quand on n'y est pas forcé par position; mais pour un homme de cœur, qui a consacré sa vie au service de son pays tant qu'il lui a été donné de tenir une épée, c'est encore un devoir de braver les erreurs de l'opinion publique et de l'arrêter, si faire se peut, dans les fausses voies où elle s'engage.

La paix à tout prix, la guerre à outrance, ne peuvent amener que le déshonneur ou la ruine de la France.

La guerre restreinte par une politique sage et prévoyante, sera son salut et sa gloire.

FIN